W0210918

Don Bosco

Josef Griesbeck

Die 50 besten Regenwetter-spiele

Don Bosco MiniSpielothek

Bibliografische Information Der Deutschen Bibliothek

Die Deutsche Bibliothek verzeichnet diese Publikation in der Deutschen Nationalbi-bliografie; detaillierte bibliografische Daten sind im Internet über http://dnb.ddb.de abrufbar.

1. Auflage 2005 / ISBN 3-7698-1522-X

Umschlag und Illustration: Felix Weinold
Layout: Alexandra Paulus
Produktion: Don Bosco Grafischer Betrieb, Ensdorf

Gedruckt auf umweltfreundlichem Papier

Inhalt

Wer nichts mehr genießt,
wird bald ungenießbar.

Edmund Johannes Lutz

Spiele zum Kennenlernen

Name XY

Dieses Spiel ist für Anfangssituationen und wenn sich die Teilnehmer untereinander noch nicht kennen gut geeignet.
Am besten sitzen dazu alle im Kreis. Nach der Spielerklärung haben die Teilnehmer noch ein wenig Zeit, um sich die anderen etwas deutlicher einzuprägen. Dann schließen alle die Augen mit Ausnahme der Person, die beginnen möchte.
Diese beschreibt nun einen Teilnehmer.

Einfache Möglichkeit

- „Die Person, die ich meine, trägt weiße Socken und hat langes Haar. Sie trägt eine Jeans ...“ Die Teilnehmer halten die Augen geschlossen und zeigen in die Richtung, in der sie diese Person vermuten.

Zweite Möglichkeit (wenn sich die Teilnehmer bereits etwas kennen)

- „Die Person, die ich meine, lacht sehr gerne. Sie kommt immer pünktlich ...“

Ruth wie Rose

Der Name ist für jeden Menschen ganz wichtig. Er ist es wert, dass man ihn immer wieder nennt und beachtet. Aber man kann und soll damit auch spielen.

Spiel 1

Alle suchen sich Gegenstände und Begriffe, die mit demselben Buchstaben beginnen wie der Anfangsbuchstabe des eigenen Vornamens und die man gerne mag. Beispiel Ruth: Rose, Regen, Rasen, Rom, Rauschgoldengel, Reh ... Ruth stellt die Ergebnisse den anderen vor.

Spiel 2

Alle in der Runde finden Begriffe, die ihrer Meinung nach zu Ruth passen und die mit demselben Buchstaben beginnen.

Anonyme Visitenkarten

Die Teilnehmer verteilen sich im Raum, damit sie ungestört sind oder suchen verschiedene Räume auf. Innerhalb weniger Minuten sollen sie über sich selbst eine „anonyme Visitenkarte“ schreiben. Das heißt, alle sollten möglichst viele Dinge über sich in kurzen Sätzen aufschreiben, wobei aber Namen und besonders auffallende Kennzeichen (blondes Haar, Brillenträger) vermieden werden sollten. Statt dessen bemühen sich alle um Aussagen wie z. B.: Habe fast immer Hunger – trage Kontaktlinsen – habe eine wunderschöne Blinddarmnarbe – möchte brennend gerne Amerika bereisen, usw. Es sollten wenigstens fünf, besser aber acht bis zwölf Aussagen aufgeschrieben werden.

Möglichkeit 1

Alle „anonymen Visitenkarten“ werden an der Wand befestigt. Das Raten geht in zwangloser Weise vor sich (kleinere Gruppe).

Möglichkeit 2

Die Zettel werden zusammen gefaltet, in eine Schachtel gelegt und durchgemischt. Dann ziehen alle einen Zettel und versuchen durch Fragen, die mit „Ja“ oder „Nein“ zu beantworten sind, heraus zu finden, wem diese „Visitenkarte“ gehört. Das gilt natürlich gleichzeitig für alle. Wer ans Ziel gekommen ist, legt seinen Zettel wieder zurück und zieht einen neuen.

Konterfei

Die Teilnehmer sitzen nach Möglichkeit im Kreis. Alle haben Kartonpapier (DIN A5) und einen Malstift.
Die Aufgabe lautet: Mit einer Hand den Karton vor das Gesicht halten und mit der anderen Hand das eigene Gesicht „zum Verwechseln ähnlich“ zeichnen. Die Spielleitung kann dazu durchaus humorvolle Anleitungen geben: Bartstoppeln nicht vergessen!
Ohne das Bild anderen zu zeigen, legen alle ihr „Konterfei“ in einen Korb. Nach dem Durchmischen der Bilder beginnt das Raten.

Spielvariationen

- Statt eines Bildes eine Karikatur von sich anfertigen.
- Makulatur oder eine alte Tapetenrolle werden auf dem Boden ausgelegt. Ein Teilnehmer legt sich mit dem Rücken darauf, ein anderer umfährt mit dem Stift dessen Umrisse.
- Alle bringen ein Bild mit, das vor 10 Jahren (vor 20 Jahren, als Baby ...) aufgenommen wurde.

Städtereisen

Die Teilnehmer sitzen auf Stühlen im Kreis. Es beginnt damit, dass jeder eine europäische Stadt wählt, die ihm gefällt. Alle nennen ihre Stadt und besonders bei einem größeren Teilnehmerkreis soll das vielleicht wiederholt werden, damit alle Städtenamen gut bekannt werden.

Jemand beginnt, stellt sich in die Mitte und nennt dann zwei Städte, indem er ankündigt: „Ich reise von London nach Zagreb ...“ Die zwei Teilnehmer, die diese Städte gewählt haben, müssen ihre Plätze tauschen. Möglich ist es auch, dass gleichzeitig mehrere Städte genannt werden, also z.B. „... über Wien.“ Die Spieler, deren Städtenamen genannt werden tauschen nun ihre Plätze, während der aus der Mitte versucht, einen frei werden Platz zu erobern.

Verbotene Wörter

Wie im echten Leben sind bei diesem Spiel einige Wörter verboten. Dazu hören beispielsweise grobe Schimpfwörter oder Flüche.

Alle Teilnehmer gehen im Raum umher und suchen mit anderen das zwanglose Gespräch. Alles ist erlaubt, nur nicht die Wörter „Ja“ und „Nein“.

Wenn ich also frage: „Hast du Tiere gern?“, darf ich nicht antworten: „Ja, natürlich!“ Sondern z. B.: „Nicht alle!“

Wenn bei einem Zweiergespräch ein verbotenes Wort fällt, müssen sich diese beiden trennen und neue Gesprächspartner/-innen suchen.

Gespeicherte Daten

Die Teilnehmer sitzen im Kreis. Der Reihe nach können nun alle etwas Freundliches zu einer Person sagen. Beispiel: Bei Kerstin wird begonnen.
Werner sagt: Ich weiß, dass du drei Geschwister hast.
Richard: Ich weiß, dass du gut Schach spielst.
Michaela: Ich weiß, dass du einen Onkel in Hamburg hast, den du gern magst.
Kerstin hat die Aufgabe, bei jeder richtigen Aussage dem jeweiligen Teilnehmer ein Streichholz zu geben. Wenn die Reihe um ist, kann wieder von vorne begonnen werden, bis niemand mehr etwas über Kerstin aussagen kann. Zu beachten ist, dass keine Selbstverständlichkeiten gelten wie z. B. „... dass du ein Taschentuch bei dir trägst“. Es darf jeweils nur eine Aussage gemacht werden.
Dann geht das Spiel weiter. Wer hat zum Schluss die meisten Streichhölzer?

Ich selbst bin mein Auto

Jemand kann von sich selbst etwas erzählen, oder andere tun das über ihn. In unserem Spiel führen wir einen unbekannten Erzähler ein: Was würde ein mir anvertrauter oder von mir benützter Gegenstand über mich erzählen?
Dazu ist eine intensive Vorbereitungszeit notwendig. Ohne Ablenkung oder Störung soll jeder Teilnehmer für sich allein dieser Frage nachgehen. Dazu wählt jeder einen Gegenstand aus, der über ihn viel erzählen kann, z. B. Auto, Schultasche, Bett u. ä. Gut ist es, wenn sich die Teilnehmer schon öfter getroffen haben, weil dann die Erzähl-Hemmschwelle nicht mehr so groß ist. Nach Wunsch können sich alle dazu Notizen machen; oft ist das aber nicht notwendig.
In der großen oder kleinen Runde beginnt dann ein spannendes Erzählen, z. B.:
„Mein Auto beschwerte sich neulich ganz gehörig über mich. Nur ein einziges Lob kam, und das möchte ich gleich am Anfang berichten ..."

Variation

Das Aufgeschriebene wird eingesammelt, gemischt und wieder an die Anwesenden verteilt. Nach dem Vorlesen eines Berichtes sollen alle raten, auf wen er zutrifft.

Künstler-Name

Vielleicht haben sich die Teilnehmer schon einmal getroffen, aber die Namen kann sich niemand so schnell einprägen. Dieses Spiel erleichtert dies und gibt der Sache darüber hinaus eine kleine künstlerische Note. Das ist für manche auch der springende Punkt, wenn zum zeichnerischen Darstellen aufgefordert wird. Hier kann der Spielleiter vorzeigen, wie einfach und ohne besondere „künstlerische Fähigkeiten“ so etwas zustande kommen kann. Der Spielleiter fängt an. Er heißt GABI.

Variation

Die einzelnen Buchstaben werden gespielt wie bei einer Scharade:
HOLGER
HustenOberLeitergreifenEisRadfahrer

Kreuzwort-Namenspiel

Ein großes Plakat oder Makulaturpapier wird auf den Boden gelegt. Je nach Alter der Teilnehmer können Linien gezogen oder die Grundstruktur eines Kreuzworträtsels aufgezeichnet werden.
Wer mag, kann beginnen. Der Vorname kann entweder waagrecht oder senkrecht geschrieben werden. Ein zweiter Teilnehmer setzt seinen Namen anschließend dazu, und zwar so, dass ein Buchstabe des bereits geschriebenen Namens miteingebunden wird. So geht es weiter, bis alle an der Reihe waren, dann schreiben die Teilnehmer weitere Daten ein, die zu ihrer Person wichtig sind. Besser ist es aber, die Bereiche nacheinander zu vereinbaren: Wohnort oder Straße, Familiennamen, Lieblingsfarbe usw.

Spiele für Gewinner

Zahlenpuzzle

Das Spiel mit den Zahlenkarten führt nur in Kombination mit anderen zum Glück. Sie können die Zahlenkarten schon mit der Einladung verschicken oder von allen Eintreffenden ziehen lassen.
Das Glücksprinzip besteht darin, dass immer nur eine runde Zahl gewinnt, z. B. 100, d. h., alle jene sind Glücksträger, die zusammen diese Zahl erreichen.

Beispiel

Person 1 zieht die Zahl 20.
Person 2 zieht die Zahl 5.
Person 3 zieht die Zahl 85.
Person 4 zieht die Zahl 30.
Person 5 zieht die Zahl 60.
Person 6 zieht die Zahl 55.
Person 7 zieht die Zahl 10.
Erst ab jetzt ist es (nach unserer Reihenfolge der Ziehung) möglich, dass durch das Zusammengehen verschiedener Personen die vorher festgelegte Zahl 100 zusammenkommt (30+60+10 oder 5+85+10 oder 5+30+55+10). Wer findet sich zuerst richtig zusammen?

Das ganze Spiel können Sie vielfach variieren, z. B. ungerade Zahlen wie 31 nehmen oder eine sehr hohe Zahl – etwa 500 – als Gewinnzahl angeben. Oder: Die Zahl gilt erst, wenn alle Zahlkärtchen sich auch zu einer bestimmten Figur zusammenfügen lassen, z. B. zu einem Herz. Sie sehen schon: Ihrem Hang zum Austüfteln sind keine Grenzen gesetzt.

Handlotto

Keine Chance zur Mitgestaltung besteht beim Lotto, Deutschlands beliebtestem Publikumsspiel. Jeder Beteiligte ist hier dem Schicksal völlig ausgeliefert. Bei unserem Handlottospiel ist das natürlich anders! Fünf bis zehn Mitspieler sollen im Kreis zusammensitzen. Alle nehmen sich fünf kleine bereitgestellte Gegenstände von der Mitte, z. B. Erbsen, Streichhölzer oder dergleichen. Jeder Lotto-Mitspieler entscheidet nun für sich, wie viele er von diesen kleinen Glücksgegenständen in seine linke Hand gibt. Das kann hinter dem Rücken oder unter dem Tisch geschehen; jedenfalls so, dass andere dies nicht sehen können. In der geschlossenen rechten Hand verbleibt der Rest; oder Sie stecken ihn in Ihre Tasche, wenn Sie diese Hand zum Schreiben freihalten wollen. Dann kommt es zur großen Ziehung der Lottozahl: Alle schreiben auf vor ihnen liegende Blätter eine Zahl, die sie tippen sollen (oder der Spielleiter notiert die Zahlen mit). Die Frage dazu lautet:
„Wie hoch wird das Ergebnis sein, wenn alle ihre linke Hand öffnen?" – Der weitere Spielverlauf ist klar: Alle öffnen ihre linke Hand; Einzelergebnisse zusammenzählen. Wer die richtige Zahl getippt hat (oder wer am nächsten dran ist), bekommt den vorher versprochenen Preis.

Der richtige Tipp

Das richtige Spiel für eine sehr große Anzahl von Mitspielern: Alle können sich beteiligen und auf einen Zettel neben ihren Namen auch eine Zahl aufschreiben und zwar die Anzahl der Mitspieler, die notwendig sind, um die Ortskirche zu umarmen.
Anschließend wird die Probe gemacht und wer dann genau richtig getippt hat oder am nahesten dran war, bekommt den Preis.

Ähnliche Ausrichtungen

- Wie viele Kartoffeln müssen heute geschält werden, damit der Kartoffelsalat zum Mittagessen für alle reicht? (Küche zum Zählen beauftragen!)
- Wie viele Schritte werden es sein bis zur nächsten Kreuzung?

Das Münzenspiel

Es wird mit Hartgeld gespielt. Dazu werden in einen Behälter viele verschiedene Münzen gelegt. Jemand beginnt, schüttelt den Inhalt kräftig durch und lässt dann die Münzen auf den Tisch fallen. Alle Münzen, bei denen die Zahl obenauf zu sehen ist, können zusammen gezählt werden. Dann ist die nächste Person an der Reihe und schließlich wird festgestellt, wer die größere Summe hat.

Verschenktes Geld

Ein meditatives Spiel um das wahre Glück: Eine russische Legende erzählt von einem reichen Mann, der in den Himmel kommt und von einem Engel exzellent bedient wird. Es ist alles zu haben! Der auf Erden begüterte Mann weiß auch, dass er alles bezahlen kann und so bestellt er immer noch köstlichere Dinge. Dann will er bezahlen. Aber der Engel sagt: Wir nehmen nur Geld, das man verschenkt hat. (vgl. „Nur die Liebe zählt" in Kurzgeschichten 1, Verlag Matthias Grünewald)

Teil A

Wir sammeln alles, was jemand am heutigen Tag ohne Geld erworben hat bzw. was denkbar ist.

Teil B

Diese Aussagen werden auf bunte Papierstreifen geschrieben und an einen Zweig gebunden. Dieser Zweig wird durch die Reihen gegeben. Alle halten diesen eine Zeit lang in der Hand und geben ihn dann weiter.

Großes Mikado

In der Mitte des Tisches werden verschiedene Gegenstände, die man auf die Schnelle gefunden hat, wie z. B. Kamm, Schlüssel, Kleiderbügel oder Bürste, aufgetürmt. Dann kann es losgehen, und zwar mit den bekannten Mikado-Spielregeln: Der erste Spieler darf so lange Gegenstände von dem Haufen nehmen, bis ein anderer Gegenstand dabei in Bewegung gerät. Alle anderen Mitspieler passen dabei natürlich gut auf. Bewegt sich ein Gegenstand, ist die nächste Person an der Reihe. Sieger ist derjenige, der am Schluss die meisten Gegenstände hat.

16

Zirkus

Ursprünglich war der Zirkus eine Arena für Wettkämpfe und Spiele. Das Wort Zirkus ist von dem Begriff „Zirkel“ abgeleitet. Wir spielen mit dem Zirkus ein lustiges Zirkelspiel.
Es werden mindestens zwei Gruppen zu je fünf, höchstens aber acht Personen gebildet. Die Mitspieler setzen sich dann auf zwei Stuhlreihen, die so aufgestellt sind, dass beide Gruppen Rücken an Rücken sitzen.

Diejenigen, die jeweils an der Spitze der beiden Stuhlreihen sitzen, spielen den Zirkusdirektor, die neben ihnen die Ballerina, die Drittplatzierten den Dompteur, die Viertplatzierten den Clown. Diese acht Personen stellen also die Zirkusfamilie dar. Es folgen auf dem fünften Stuhl in jeder Reihe die Elefanten, auf dem sechsten die Pferde, auf dem siebten die Löwen und schließlich auf dem achten die Schlangen. Diese Gruppe spielt also die Zirkustiere.
Nun wird eine kleine Zirkusgeschichte vorgelesen. Immer dann, wenn eine der Rollen genannt wird, müssen die betreffenden zwei Mitspieler aus den beiden Gruppen einmal im Kreis herumlaufen und zwar jene auf der linken Seite links, und die auf der rechten

Seite rechts herum. Bei dem Wort „Zirkusfamilie“ müssen alle Mitglieder der Zirkusfamilie gleichzeitig laufen, und bei dem Wort „Zirkustiere“ natürlich alle Tiere. Diejenige Gruppe, deren Teilnehmer als Letzter den Platz erreicht, bekommt einen Minuspunkt. Für die Notierung der Punkte ist am besten eine nicht mitspielende „Zirkussekretärin“ verantwortlich.

Die Geschichte zu diesem Spiel ist folgende (ein „+“ bedeutet, dass jemand laufen muss):

Heute kommt ein berühmter Zirkus in den Ort. Der Direktor (+) steht am Eingang der Übungshalle und betrachtet alle seine Zirkustiere (+). Er freut sich über die Geschicklichkeit des Dompteurs (+), der mit den Pferden (+) noch eine Nummer probt. Der Clown (+) sitzt am Eingangstor und unterhält sich mit der Ballerina (+), die ihrerseits abwechselnd die unruhigen Löwen (+) und die Schlangen (+) in ihrem Gehege im Auge behält. Etwas scheint nicht in Ordnung zu sein. Das bemerkt auch der Direktor (+), der nun die Elefanten (+) genauer beobachtet. Plötzlich schreit die Ballerina (+) entsetzlich und verkündet ganz außer Atem, dass die Schlangen (+) entwichen sind. Die ganze Zirkusfamilie (+) beginnt mit der Suche nach den Schlangen (+). Der Dompteur (+) rennt nach draußen, die Ballerina (+) durchsucht die Zuschauersitze, der Clown (+) nimmt die Zirkustiere (+) in Augenschein, und der Direktor (+) behält den Überblick und gibt Anweisungen. Doch keiner aus der Zirkusfamilie (+) kann die Schlangen (+) finden. Die Elefanten (+) und die Löwen (+) wundern sich über die Hektik der ganzen Zirkusfamilie (+), und während die Pferde (+) unwillig mit ihren Hufen scharren, zischt die erste Schlange (+) aus dem Stroh hervor. Alle Zirkustiere (+) geraten nun in Aufregung und nur dem Clown (+) gelingt es, wieder Ruhe in die ganze Zirkusfamilie (+) zu bringen.

Personen-Mühle

Fast alle Kinder kennen das Brettspiel „Mühle“. Bei dieser Variation des Spiels können aber nicht nur zwei, sondern gleich sechs Personen miteinander spielen.
Dazu markiert man zunächst auf dem Boden nebeneinander neun Felder in Dreierreihen, sodass ein Quadrat von drei mal drei Feldern entsteht. Auf der einen Seite des Quadrats stellen sich nun drei Personen auf, die Karten mit den Nummern eins bis drei, z.B. in roter Farbe, halten. Auf der anderen Seite des Quadrats stehen ebenfalls drei Personen, deren Karten z.B. grün sind und ebenfalls die Nummern eins bis drei haben.
Als erstes zieht Rot eins auf dem Feld, dann Grün eins, dann Rot zwei, Grün zwei usw., also immer die Farben abwechselnd, jedoch in der Reihenfolge der Nummerierung. Eine Mühle entsteht dann, wenn drei Mitspieler mit der gleichen Farbe nebeneinander oder diagonal stehen. Eine weitere Spielregel ist, dass man immer seinen Platz wechseln muss, auch wenn dann die andere Seite eine Mühle bekommt.

Nullgewinner

Wenn Papier und Stifte bereitliegen, sollen alle Mitspieler 70 Striche aufmalen. Dann wird der Reihe nach gewürfelt, und man darf immer so viele Striche löschen, wie man Punkte erwürfelt hat. Besonders spannend wird es gegen Ende des Spiels, weil man dann genau so viele Augen erwürfeln muss, wie man noch verbliebene Striche hat. Wer nämlich mehr Punkte würfelt, als er noch Striche hat, der muss diese überschüssige Anzahl wieder als neue Striche auf sein Blatt malen. Gewinner des Spiels ist derjenige, der zuerst tatsächlich keine Striche mehr auf seinem Papier hat.

Würfelrennen

Alle Teilnehmer sitzen um einen Tisch, zwei Würfel liegen bereit. Zwei Mitspieler, die sich gegenüber sitzen, beginnen nun nach einem Startzeichen gleichzeitig mit je einem Würfel das Spiel. Derjenige von ihnen, der eine „6“ wirft, darf den Würfel nach links weitergeben. Sein Nachbar muss nun versuchen, ebenfalls eine „6“ zu würfeln, um dann seinerseits die Würfel nach links weiterzugeben usw. Aufgrund dieser Regel wird es dann irgendwann vorkommen, dass jemand zwei Würfel vor sich hat, worauf er aus dem Spiel ausscheiden muss. Anschließend werden die Würfel neu verteilt, und eine weitere Runde beginnt.

Spiele für Kreative

Die Vorteile langer Unterhosen

Zwei (oder auch mehr) Spieler stellen sich gegenüber. Der eine verteidigt in einer Rede die kurzen Unterhosen und wettert gegen die langen. Sein Gegner versucht das Gegenteil.
Dieses Spiel eignet sich am besten in einem Kreis, bei dem die Stimmung auf den Höhepunkt zugeht.

21

Rätsel-Geschichten

Bei diesem Spiel wird der Schluss einer Geschichte vorgelegt, und alle sollen nun durch Fragen den Verlauf oder den Hintergrund dieser Geschichte herausfinden. Dabei müssen die Fragen immer so gestellt werden, dass auf sie mit „Ja“ oder „Nein“ geantwortet werden kann.
Beispiel: Ein Mann wohnt im 24. Stockwerk und benutzt jeden Tag den Lift. Morgens steigt er in der 24. Etage in den Aufzug und im Erdgeschoss wieder aus. Wenn er von der Arbeit nach Hause kommt, steigt er im Erdgeschoss ein, aber schon im 15. Stock wieder aus. Für die restlichen Stockwerke bis zu seiner Wohnung benützt er dann die Treppe. Wenn es regnet, fährt er jedoch immer mit dem Aufzug bis zum 24. Stockwerk hoch.
Lösung: Der Mann ist kleinwüchsig. Wenn es regnet, hat er einen Regenschirm bei sich und kann mit diesem im Aufzug auch den Druckknopf für die 24. Etage erreichen.

Texterspaß

Wer schon einem getextet hat, weiß um die vielen Wort- und Sprachdeutungen, verfänglichen Redewendungen und auch inhaltsreichen und vieldeutigen Wörter. So kann z. B. das Wort „Rat“ sowohl den guten Rat meinen als auch den Rat, der einer Gemeinschaft vorsteht. Gewitzten Leuten kann das Suchen nach solchen Wörtern Spaß und Freude bringen. Wir bleiben vorerst aber bei einfacheren Formen:

Beispiel 1

Suchen Sie Wörter, die Zahlen beinhalten:
L(eins)amen, Ver(zwei)flung, er(drei)sten,
Gra(vier)ung, durch(sieben), Ver(acht)ung ...

Beispiel 2

Suchen Sie Wörter, die Personalpronomen (persönliche Fürwörter) enthalten:
erp(ich)t, (du)ellieren, K(er)be, Poe(sie), B(es)tseller, (wir)klich ...

Malen ohne Licht

Alle haben schon einmal von Kunstwerken gehört, die blinde Menschen gemalt haben. Wenn sehende Menschen mit Augenbinde etwas malen sollen, dann mag das besonders anfangs eigentümlich erscheinen, aber schon bald wird sich größere Sicherheit entfalten und nicht selten kommen wirkliche Kunstwerke dabei heraus. Obendrein macht das Malen bei Dunkelheit Spaß und nachher ebenso das Anschauen, wenn man im Kreis das Geschaffene bewundern kann. Vieles ist möglich. Angefangen von eigenen Ideen, über bildhafte Vorgaben bis hin zu Klamauk, so z. B.

- Zeppelin trifft auf Regenbogen
- Vogel stößt mit Flugzeug zusammen
- Auto auf dem Mond
- Zwei verliebte Herzen

Von dir erzählen

Dieses Spiel eignet sich am besten, wenn die Teilnehmer eine längere Zeit zusammen sind, beispielsweise auf einer Berghütte oder in einem Seminarhaus.
In der Anfangsphase schreiben alle Teilnehmer ihren Namen auf einen Zettel, falten diesen und legen ihn in einen Korb. Nach dem Durchmischen ziehen alle Teilnehmer einen Zettel.
Alle haben nun eine Person bekommen oder gewählt, die für sie die ganze Zeit über die Partnerperson ist. Die Zettel sollen aber gleich wieder weg gesteckt oder vernichtet werden, denn niemand soll wissen, wer wen gezogen hat.
Die Aufgabe besteht darin, in der Zeit des Beisammenseins möglichst viel von dieser Person zu erfahren bzw. durch Beobachtung zusammen zu tragen: Vorlieben, Erlebnisse usw. Die beobachtete Person soll natürlich nicht bemerken, wer sie beobachtet.
Gegen Ende des Tages oder der Woche gibt es eine „Stunde der Berichterstattung“. Dabei erzähle ich von dieser Person in der „Ich-Form“: Ich trinke gerne Milch; ich habe zwei Geschwister; ich hatte mit fünf Jahren einen Fahrradunfall ...
Erst wenn derjenige mit seinem „Bericht“ fertig ist, können alle tippen, um wen es sich handelt.

Was bin ich?

Jemand beginnt und sagt beispielsweise: „Ich bin ein Licht“. Alle anderen sollen nun heraus finden, um welches Licht es sich handelt. Dabei können Fragen gestellt werden, die mit „Ja“ und „Nein“ beantwortet werden können. Wenn eine Frage mit „Nein“ beantwortet wird, darf der nächste Teilnehmer weiter machen.

Beispiel

Ich bin ein Licht

- Bist du gewöhnlich in einem Raum? – Ja –
- Bist du das ganze Jahr über zu finden? – Nein – (der nächste Teilnehmer)
- Du bist also nur an bestimmten Jahreszeiten zu sehen? – Ja –
- Bist du ein Licht am Weihnachtsbaum? – Ja –

Was man noch alles sein kann:
Schuh, Lied, Gebäude, Getränk, Blume, Baum, Tier, Himmelskörper, Instrument, Möbelstück, Weg, Schmuckstück, Wetterlage ...

Mein Symbol

Unser Alltag ist geprägt von Symbolen: Firmen und Musikgruppen legen sich ein so genanntes Logo zu; wir sehen täglich Hinweisschilder und finden einige Symbole in unseren Wohnungen und in der Umgebung, wie zum Beispiel Ring, Kreuz, Blume ...
Es soll zunächst genügend Zeit sein, in der alle über Symbole nachdenken, die in ihrem Leben eine Rolle spielen. Dann beginnt die Malaktion. Dazu wird in die Mitte ein Großplakat oder Makulaturpapier gelegt. Verschiedene Malfarben liegen bereit. Alle Symbole sollen aufgemalt werden, die den Teilnehmern einfallen. Dabei können und sollen auch jene dabei sein, die man nicht so gerne mag, aber die immer wieder im Leben auftauchen.
Wenn diese Aktion abgeschlossen ist, soll zunächst noch Gelegenheit für Nachfragen sein, weil manche der eingebrachten Symbole möglicherweise nicht von allen erkannt werden.
Dann soll jeder ein Symbol auswählen, das er mag und eines, das er ablehnt.
Alle sollen nun ihre beiden Symbole nennen und dazu sagen, warum sie das eine mögen und das andere nicht.

Wer steckt dahinter?

Durch das pantomimische Verrichten bestimmter Arbeiten oder durch ein entsprechendes Verhalten soll die dahintersteckende Betätigung erraten werden.

- Berufe-Raten (typische Berufe darstellen)
- Einkaufspantomime (in welchem Geschäft befindet sich diese Person?)
- Fernsehpantomime (welche Sendung läuft gerade?)
- Telefonraten: durch ein gespieltes Telefongespräch soll erraten werden, wer an der anderen Leitung ist, z. B. berühmte Persönlichkeiten, Autoverkäufer, Kriminalpolizei, Telefonseelsorger, Geliebte, Gläubiger ...

Lügengeschichten

Zu diesem Spiel soll genügend Zeit vorhanden sein. Alle bekommen Zettel und Stift und sollen an einem stillen Plätzchen eine Lügengeschichte zusammenschreiben. Auch mehrere falsche Daten können in der Geschichte untergebracht werden. Nachher lesen alle der Reihe nach ihre Geschichte vor, und es wird sich zeigen, ob die anderen hinter alle Schwindeleien kommen.

Beispiel

An einem wunderschönen Frühlingstag reiste ich mit meinen Freunden in den Schwarzwald. Wir genossen den Duft der Wiesen und die waldreiche Landschaft. Auch auf einen kleinen Aussichtsturm kletterten wir. Auf dem Nachhauseweg kamen wir an Weizen- und Maisfeldern vorbei, die in junger Saat standen. Einer von uns erlaubte sich, aus einem Garten einen Apfel von einem Baum zu stehlen. Abends saßen wir dann am Lagerfeuer.
(Im Frühjahr gibt es noch keine Äpfel auf den Bäumen.)

Satz ohne „l“

Das Ganze ergibt wenig Sinn, dafür aber viel Spaß. Die Bedeutung eines einzelnen Buchstabens wird jedem dabei sehr bewusst.
Es geht reihum. Ein Spieler beginnt und sagt den ersten Satz einer Geschichte. Der Buchstabe „l“ darf dabei nicht vorkommen.

Beispiel

1. Spieler: „Es war in einem hohen Gebirge.“
2. Spieler: „Da wohnten einst winzige Zwerge.“
3. Spieler: „Die bewohnten hohe Steinhütten.“

Und so nimmt die l-lose Geschichte ihren Gang durch alle Mitspieler.

Variationen:

- Zwei oder mehr Buchstaben dürfen nicht verwendet werden.
- Es dürfen keine Wörter benutzt werden, die weniger als drei (vier/fünf) Buchstaben haben.
- Alle Wörter eines Satzes müssen mit denselben Buchstaben beginnen.

Spiele für Hirnakrobaten

 Schüttelwörter

Auf ein großes Blatt werden Tiernamen geschrieben, bei denen die Buchstaben durcheinander gekommen sind, also z. B. Lodress, Schad, Siamee, Radrem, Blaswech, Suma, Brusdas, Rhisch, Petsch, Eupar. Dann müssen die Tiere erraten werden. Um das Spiel etwas leichter zu gestalten, kann man vorher noch dazu sagen, dass es sich hier um lauter Tiere handelt.
Lösung für die obigen Beispiele: Drossel, Dachs, Ameise, Marder, Schwalbe, Maus, Bussard, Hirsch, Specht, Raupe.

Lirum, larum, Löffelspiel

Mit einem Löffel kann man vieles anstellen. Auch diesen Spaß: Jemand nimmt einen Löffel in seine linke oder rechte Hand, klopft damit auf den Tisch (oder führt damit anderes vor) und gibt den Löffel weiter.
Das soll nun reihum nachgemacht werden. Aber ob das die anderen so ohne weiteres können?
Und das ist die Lösung: Bevor ich den Löffel weitergebe, nehme ich ihn aus meiner linken in die rechte Hand (oder umgekehrt). Die meisten Menschen machen das nicht. Sie geben einen Gegenstand einfach mit der Hand weiter, in der dieser sich schon befindet.

Eine todsichere Wette

Ich lege 30 Streichhölzer auf den Tisch. Jemand kann abwechselnd mit mir jeweils bis zu sechs Streichhölzer wegnehmen. Wer von uns beiden die letzten Streichhölzer vom Tisch nimmt, hat gewonnen.

Lösung

Ich muss dafür sorgen, dass immer eine Siebenzahl erhalten bleibt. Will mein Partner, dass ich beginne, nehme ich anfangs zwei weg. So verbleiben 28 Hölzer (durch sieben teilbar). Dann nehme ich jeweils so viele weg, dass es zusammen mit denen, die er weggenommen hat, immer sieben ergibt. Will mein Spielpartner beginnen, so muss ich dafür sorgen, dass die Siebenerregel von mir ausgenutzt werden kann. Kritisch wird es nur, wenn er zuerst zwei wegnimmt. Ob er das Spiel schon kennt?

Was liebt der Kaiser nicht?

Der Kaiser mag das Schaf, er mag Schnaps, Cola, eine Frau, ein Kind, ein Auto usw.
Wer will, kann aussagen, was der Kaiser gerne mag.
Es wird für manche gar nicht so einfach sein, die Lösung herauszufinden. Der Kaiser mag alles nicht, was ein „e“ enthält.

Variationen

Zunächst können andere Buchstaben, dann auch Doppellaute (aa, ee, oo) genommen werden, z. B.: Der Kaiser mag schlafen, aber kein Bett.

Die letzte Frage

Dieses Spiel ist ganz zu Unrecht unter dem Namen „Irrenhaus“ bekannt. Abgesehen davon, dass man mit Kranken keine spielerischen Scherze treiben sollte, entspricht die Art der Beantwortung keineswegs geistig Behinderten, sondern vielmehr einem Trick.

Alle sitzen im Kreis. Ein nach draußen Gebetener wird hereingerufen. Er soll nun jedem Mitspieler der Reihe nach eine Frage stellen. Nur eine! Nachfragen ist also nicht gestattet. Er soll herausfinden, warum die Spieler so antworten. Man kann ihm sagen, dass jeweils wahrheitsgemäß geantwortet wird und dass er um so eher dahinterkommt, je vielfältiger er seine Fragen stellt.

Er beginnt z. B. so: „Kurt, warum trägt du so lange Haare?“ Antwort: „Ja, wenn ich das wüsste!“ Frage an den Nächsten: „Was liest du am liebsten?“ Antwort: „Weil mich immer so am Kopf friert!“

Haben Sie es schon erraten? Der zweite Befragte gibt die Antwort, die der erste hätte geben müssen, usw.

Variation 1

Grenzgänger

Alle Mitspieler sind Reisende, die über die Landesgrenze wollen. Die Spielleitung steht in der Mitte und spielt den Grenzbeamten. Nach der Reihe fragt nun jeder „Reisende" den „Grenzbeamten", ob er dies und jenes mit über die Grenze nehmen darf. Der „Grenzbeamte" bejaht oder verneint.

Lösung: Der Reisende darf einen Gegenstand dann mitnehmen, wenn der vorhergehende Spieler diesen bei sich hat.

Variation 2

Schiffsladung

Ein Schiff soll beladen werden. Jeder nennt zwei Waren, die er auf das Schiff gibt.

Lösung: Siegfried Lebmann könnte beispielsweise nennen: Sauerkraut und Linsen (jeweils Waren, die mit den Anfangsbuchstaben seiner beiden Namen beginnen). Oder: die letzten Buchstaben.

Natürlich sind auch andere Varianten möglich: einkaufen gehen, Hobby u. ä.

Ablenkungsmanöver

Es werden drei Stühle aufgestellt und zwar im Dreieck. Wer mitspielen will, ist eingeladen, sich auf die Stühle zu setzen.
Person A beginnt und stellt eine Frage. Zum Beispiel: „Gehst du heute Abend ins Kino?“ Es muss also eine Frage sein, die mit Ja oder Nein zu beantworten ist. Person B beginnt gleichzeitig, langsame Bewegungen zu vollziehen, z. B. mit beiden Händen ein Herz in die Luft zu zeichnen. Für Person C wird es nun schwierig, denn sie soll versuchen, gleichzeitig die Frage zu beantworten und ebenso die Bewegungen nachzumachen.
Mit einer einfachen Aufgabe soll begonnen werden. Dann darf es ein wenig schwieriger werden. Dafür kann man sich danach ausruhen und drei anderen „Künstlern“ zuschauen.

Tricks mit Spielkarten

Manche Leute mögen solche Spiele nicht. Wenn aber einige beisammen sind, die für solche Trickscherze empfänglich sind, dann folgt meist ein Kartentrickspiel dem anderen. Immer wieder weiß jemand einen Kartengag und freut sich riesig, wenn die anderen nicht so schnell oder überhaupt nicht „durchsteigen“.

Zwei solcher Kartentricks als Beispiele

- Sie mischen die Spielkarten zunächst gut durch. Auch jemand aus dem Kreis kann dies übernehmen. Sie nehmen anschließend den Kartenstapel. Nun ist es unbedingt notwendig, dass Sie sich unbemerkt die unterste Karte merken. Den Stapel auf den Tisch legen und etwas wild die Karten durcheinandermischen, aber auf die unterste Karte achten. Sie müssen das so hinkriegen, dass Sie trotz augenscheinlicher Kartenunordnung noch wissen, wo diese eine liegt. Jemanden aus dem Kreis fordern Sie nun auf, eine Karte zu nehmen und Ihnen zu geben, ohne diese anzuschauen. Sie nennen nun Ihrem Gegenüber die Karte, die Sie sich von Anfang an gemerkt haben. Dann lassen

Sie sich von dieser Person wieder eine ziehen und nennen jetzt die vorher gezogene Karte. Schließlich verkünden Sie: Und die letzte Karte ziehe ich selber, und zwar ziehe ich mir jetzt ... (die Karte nennen, die Ihr Gegenüber beim zweiten Mal gezogen hat). Schnell müssen Sie alle drei Karten zusammengeben und dann vorzeigen. Alle drei sind richtig!

- Das zweite Spiel beinhaltet mehr eine Aufforderung zum Nachmachen. Aber zuerst muss einmal nachgedacht werden.
  Aus dem Kartenspiel nehmen Sie die vier Könige und die vier Achter. Diese legen Sie so aufeinander, dass hernach immer abwechselnd ein König und dann wieder ein Achter kommen muss. Aber so wäre es noch viel zu einfach, deshalb wird von diesem Stapel weg immer eine Karte aufgelegt und dann die nächste unter den Stapel gelegt. Das muss schließlich so ausgehen, dass alle acht Karten abwechselnd aufliegen, also immer ein König, ein Achter ...
  (Lösung, d.h. vorherige Reihenfolge im Stapel: König, zwei Achter, König, zwei Achter, zwei Könige.)

Das dynamische Quadrat

Die Zahlen von 1 bis 9 sollen in dieses Feld so gesetzt werden, dass in den drei Senkrechten, den drei Waagrechten und den beiden Diagonalen jeweils die Summe 15 herauskommt. Probieren Sie es einmal, ohne die darunter stehende Hilfe in Anspruch zu nehmen:

Lösung

Schreiben Sie in das mittlere Feld die Zahl 5.
Wenn Sie es dann noch nicht schaffen, dann schreiben Sie rechts unten die Zahl 8 (und sinngemäß links oben die Zahl 2).
Jetzt haben Sie sicher die Lösung!

2	7	6
9	5	1
4	3	8

Das Eisbären-Spiel

Die Mitspieler dürfen nur die nötigsten Informationen bekommen: In Grönland ernähren sich die Eisbären vorwiegend von Fischen, die sie aus Eislöchern herausholen. Es kann also nur dort ein Eisbär sein, wo ein Eisloch ist.
Und nun würfeln Sie gleichzeitig mit drei Würfeln, und schon können Sie sagen, wieviel Löcher und wieviel Eisbären zu sehen sind.

Lösung: Nur dort, wo ein Loch (= Mittel-Punkt) ist, können auch Eisbären sein. Zeigt beispielsweise ein Würfel die Drei, so ist ein Loch vorhanden (Mitte!) und zwei Eisbären. Die Vier weist wohl vier Eisbären außen auf, aber es ist kein Loch vorhanden; also wird nicht gezählt. Das Ergebnis aus den drei Würfeln wird zusammengezählt und den Mitspielern mitgeteilt, die nun die Sache aufklären sollen.

eins = ein Loch, kein Bär
zwei = kein Loch, kein Bär
drei = ein Loch, zwei Bären
vier = kein Loch, keine Bären
fünf = ein Loch, vier Bären
sechs = kein Loch, keine Bären

Der Kommissar

Personen: Täter, Mittäter, Opfer eines Verbrechens, Zeugen, Kommissar. (Dieser Kreis kann je nach Fall erweitert werden, z. B. Sohn/Tochter des Opfers ...)
Die Regeln werden allen Beteiligten vor Beginn des Spiels bekanntgemacht. Der Kommissar wird dann für kurze Zeit vor die Türe geschickt. Indessen einigen sich die übrigen schnell auf ihre Rollen und auf einen Kriminalfall, den der Kommissar aufklären soll. Danach wird dieser wieder hereingeholt und bekommt das „Verbrechen“ mitgeteilt (z. B. Entführung, Fahrerflucht).
Daraufhin beginnt die Vernehmung. Dabei darf ein Befragter dreimal die Antwort verweigern. So kann er zweierlei erreichen: Irreführung des Kommissars oder Hinlenkung auf einen Verdacht. Die Fragen sind so zu stellen, dass man mit JA oder NEIN antworten kann. Die Befragten müssen immer nach dem konstruierten Fall wahrheitsgemäß Auskunft geben. Der Kommissar soll den Täter herausfinden, darf aber nie einen Mitspieler direkt fragen, ob er der Täter ist. Das erfordert viel Geschick im Fragen und ein bißchen Kombinationsgabe, bringt aber Spannung! Man kann die Fragezeit begrenzen und auch für die „Aufklärung“ einen Preis aussetzen.

Spiele für Vertraute

 Schachtelnase

Ein schönes und altes Spiel, das besonders dann geeignet ist, wenn man sich in einer lustigen und entspannten Tischrunde befindet: Das Außenteil einer Streichholzschachtel wird auf die Nase gesteckt und dann der nächsten Person ohne Zuhilfenahme der Hände auf deren Nase weitergegeben.

Karten stapeln

Ein Spiel für mindestens acht Personen. Zunächst werden Spielkarten gemischt und dann an die in einem Stuhlkreis sitzenden Teilnehmer ausgeteilt.
Nun müssen sich alle die Farbe der Spielkarte merken, die sie erhalten haben, denn anschließend werden die Karten wieder eingesammelt. Danach mischt die Spielleitung die Karten wieder und blättert dann eine nach der anderen auf, wobei sie laut dazu sagt, welche Farbe gerade aufgedeckt wird. Derjenige, der zuvor die gerade genannte Farbe hatte, darf nun im Uhrzeigersinn um einen Stuhl weiter rücken. Sitzt dort aber schon jemand, so muss man sich auf den Schoß dieser Person setzen. Das kann dazu führen, dass irgendwann zwei oder sogar drei Mitspieler aufeinander auf einem Stuhl sitzen. Und natürlich ist es dann besonders ärgerlich, wenn die eigene Farbe genannt wird, man aber nicht vorne, sondern mitten drin oder sogar ganz hinten auf dem Stuhl sitzt. Denn nur wer vorne sitzt, kann auf den nächsten Stuhl weiterrücken.
Wenn eine Farbe angesagt wird und diese Karte zugleich eine Neun ist, dann muss bei allen Stühlen, auf denen zwei oder mehr Mitspieler sitzen, zunächst die vorderste und die hinterste Person durchwech-

seln, woraufhin der jetzt vorne sitzende Spieler weiterrücken kann. Auf diese Weise kommen nämlich auch jene nach vorne bzw. weiter, die ganz hinten oder mittendrin auf dem Stuhl sitzen.
Wer schafft es am schnellsten wieder auf seinen ursprünglichen Stuhl zu kommen?

Gesäß und Schuh

Zugegeben – ein etwas freches Spiel. Aber die Gastgeber können und werden das Spiel sicher so ausrichten, dass Freude und Spaß im Vordergrund stehen.

Jemand wird beauftragt, schon beim Eintreffen der Partygäste zu fotografieren. Das wird wahrscheinlich von allen als nette Geste empfunden. Die Gäste werden aber so fotografiert, dass immer nur ein Teil von ihnen zu sehen ist, also z. B. das Gesäß, die Hand, der Schuh, die Handtasche usw.

Wenn für die Fotoaktion eine Digitalkamera zu Verfügung steht, dann kann als Höhepunkt der Party das große Ratespiel mit den Bildern beginnen, indem man sie auf dem Computer- oder Fernsehbildschirm zeigt.

Der gordische Knoten

Höchstens zwölf Spieler können sich zu diesem Verknotungsspiel finden. Man steht im Kreis, schließt die Augen und geht dann langsam in die Kreismitte. Dort angekommen, soll man mit jeder Hand eine Hand ergreifen, die blind zu erhaschen ist.
Jeder hat sich also mit zwei anderen Händen verbunden. Augen auf! Und jetzt soll man sich „entknoten" ohne die Hände zu lösen.
Das klappt nicht immer. Auch der gordische Knoten konnte nach der griechischen Sage nicht gelöst werden! Einfach wiederholen, denn wo viele Leute zusammenhelfen, da ist manches möglich!

Ölsardinen-Spiel

Zu diesem Spiel müssen folgende Voraussetzungen gegeben sein: Das Haus soll nicht nur groß sein und verschiedene Räume aufweisen, es muss auch gewährleisten, dass möglicherweise andere Gäste ungestört bleiben können. Gefährliche Gegenstände sollten vorher weggeräumt werden.
Das Spiel kann nur in der Nacht stattfinden; Licht darf nicht eingeschaltet werden, nur die Spielleitung sollte eine Taschenlampe bereit halten.
Ein oder zwei Teilnehmer sollen sich in irgendeinem Winkel oder Raum des Hauses verstecken. Sie bekommen dazu fünf Minuten Vorsprung. Dann beginnt die Suche nach den beiden Teilnehmern. Als Spielregel gilt: Wer die gesuchten Teilnehmer findet, muss sich unauffällig dazu setzen und sich absolut ruhig verhalten.
Irgendwann sind alle Teilnehmer beisammen. Sie werden bei völliger Dunkelheit noch zusammen sitzen, kichern, vom geisterhaften Suchen erzählen und einfach in der Gemeinschaft verweilen.

Pulsschlag

Der Puls spiegelt die Tätigkeit des Herzens wider. Wir können den Puls fühlen und spüren so das Leben – bei uns und auch bei anderen Menschen. Weil wir mit anderen Menschen zusammen sind, können wir über den Pulsschlag in gute Tuchfühlung kommen. Der Spielauftrag lautet daher: Suche jemanden im Kreis, der den selben Pulsschlag wie du hat. Diese Spielaktion braucht neben Ruhe und Zeit auch Einfühlungsvermögen. Man muss auf andere Menschen zugehen und sich gegenseitig den Puls fühlen. Und das immer wieder, bis man jene Person gefunden hat, die denselben Pulsschlag hat. Es kann auch sein, dass sich schließlich drei oder mehr zu einer Gruppe mit demselben Pulsschlag finden oder jemand kein Pendant findet.

Hinweise

- Der Puls wird am besten mit zwei oder drei Fingern an der Innenseite des Handgelenks unterhalb des Daumens gefühlt.
- Nie mit dem Daumen den Puls fühlen!
- Bei gesunden Erwachsenen liegt der Puls zwischen 60 und 80 Schlägen pro Minute.

Jahr und Zeit

Dieses Spiel ist möglich, wenn wenigstens 6 Personen mitspielen, die sich untereinander noch nicht so gut kennen. Denn die Aufgabe lautet: Stellt euch in einer Linie auf und zwar nach der Reihenfolge, wie ihr geboren seid. Es darf dabei nicht gesprochen werden. Natürlich gelten nicht nur die Geburtsjahre, sondern auch die Monate, die Tage und – wenn es sein muss – die Stunden.
So kann zum Beispiel Rainer ganz links außen stehen, weil er am 18. Juli 1985 geboren wurde. Klara steht direkt daneben, weil sie am 20. Juli 1985 geboren wurde. Und so weiter ...
Wenn alle in einer Reihe stehen, beginnen natürlich die Nachfragen und die Korrekturen.

Blindes Zusammengehen

Zwei Personen tragen Augenbinden und stehen sich in einem Abstand von etwa 10 Metern gegenüber. Auf ein Startzeichen hin gehen beide los, in der Absicht, sich in der Mitte zu treffen. Alle anderen schauen diesem Spiel zu, das sicherlich von Vorsicht, Zuversicht und auch Mut geprägt sein wird.

Nachher sollen Gefühle, Gedanken und evtl. Ängste ausgesprochen werden. Dann kann es ein anderes Paar versuchen.

Der große Geist

Bei diesem Spiel müssen es mindestens 10, besser 15 bis 30 Personen sein. Außerdem ist völlige Dunkelheit Voraussetzung, also entweder in einem abgedunkelten großen Raum spielen oder bei stockfinsterer Nacht im Freien.
Jemand spielt den Geist. Dieser kann dadurch ermittelt werden, dass die Spielleitung durch die Reihen geht und jemanden die Hand auf die Schulter legt.
Alle gehen durcheinander und zwar schweigend, langsam und ein wenig tastend. Trifft man auf jemanden, fragt man auch sogleich „Geist?" Kommt keine Antwort, dann kann es eben nicht der vorbestimmte und zu suchende Geist sein. Trifft man aber auf diesen Geist, so antwortet dieser ebenfalls leise mit „Geist". Man hat ihn also gefunden und ist dadurch ebenso Geist geworden. Man soll sich ihm anhängen bzw. sich an den Händen fassen. Zu zweit gehen diese beiden „Geister" nun weiter und wer auf einen dieser Geister stößt, kann sich ebenso anhängen. Die „Geist-Schlange" wird immer größer, denn alle links und rechts angehängten Spieler/-innen sind auch Geister geworden.
Das geht so lange, bis alle zu einem „großen Geist" geworden sind.

Wellentragen

Die Teilnehmer legen sich so auf den Boden, dass eine Reihe, ähnlich einem Reißverschluss, entsteht: Kopf an Kopf und jeweils eine Person mit den Füßen nach links, die andere nach rechts liegend. Alle nehmen die Hände nach oben und halten die Handflächen waagrecht, so dass ein „Bett“ oder eine Wellenbahn entsteht.
Ein Teilnehmer legt sich nun in ganz steifer Haltung rücklings am Beginn auf so eine „Menschenwelle“. Er soll mit den Händen der am Boden liegenden Personen von einem Ende zum anderen befördert werden. Zu beachten ist, dass zwei Teilnehmer beim „Auf- und Abstieg“ helfen. Alle haben nacheinander die Möglichkeit, sich von anderen „tragen“ zu lassen. Besonders Personen mit Beziehungsschwierigkeiten aus dem Teilnehmerkreis sollen zu dieser Übung ermuntert werden.
Auch so ist das möglich: Paare stehen sich gegenüber und bilden einen langen Gang. Hände mit dem jeweiligen Gegenüber festhalten. So kann jemand von einem zum anderen Ende befördert werden.